Reach Out and Give

Dar y ayudar

Cheri J. Meiners, M.Ed.

Ilustrado por Meredith Johnson
Traducido por HIT Bilingual Publishing

free spirit
PUBLISHING®

Library of Congress Cataloging-in-Publication Data
This book has been filed with the Library of Congress.
LCCN: 2022033492
ISBN: 978-1-63198-823-3

Free Spirit Publishing does not have control over or assume responsibility for author or third-party websites and their content.

Edited by Marjorie Lisovskis
Cover and interior design by Marieka Heinlen
Illustrated by Meredith Johnson

Free Spirit Publishing
An imprint of Teacher Created Materials
9850 51st Avenue, Suite 100
Minneapolis, MN 55442
(612) 338-2068
help4kids@freespirit.com
freespirit.com

FSC
www.fsc.org
MIX
Paper from
responsible sources
FSC® C144853

Free Spirit offers competitive pricing.
Contact edsales@freespirit.com for pricing information on multiple quantity purchases.

Dedication

In grateful memory of my grandparents Victor, Juanita, Harold, Rosalina, and Louise for their sacrifice, kindness, and generosity which still make a difference.

Dedicatoria

En memoria de mis abuelos Victor, Juanita, Harold, Rosalina y Louise, a quienes agradezco por su sacrificio, su amabilidad y su generosidad, que siguen marcando la diferencia.

The world is beautiful.
There's so much to notice
and be grateful for.

El mundo es hermoso.
Hay muchas cosas para descubrir
y por las que estar agradecido.

I'm also grateful for people who help me.

También agradezco a las personas que me ayudan.

There are lots of ways I can show my thanks and give something back.

Hay muchas maneras de mostrar mi agradecimiento y de dar algo a cambio.

I want to reach out to people.

Quiero dar una mano a otras personas.

I can be generous.

Puedo ser generoso.

6

Being generous can take time.

Ser generoso puede llevar tiempo.

I might help someone without being asked.

Puedo ayudar a alguien sin que me lo pida.

8

Or I might make something
for someone I care about,

O puedo hacer algo
para alguien que me importa

or spend some time with that person.

o pasar tiempo con esa persona.

I like to join in and volunteer.

Me gusta participar como voluntario.

It feels good when I work to make things better.

Me siento bien cuando trabajo para mejorar las cosas.

There are lots of ways to be generous.
I can notice what someone might need
or want.

Hay muchas maneras de ser generoso.
Puedo darme cuenta de lo que alguien quiere
o necesita.

Then I can say and do kind things
that might help.

Entonces puedo decir y hacer cosas
amables para ayudar.

I can share my things, my time,
and my talents.

Puedo compartir mis cosas, mi tiempo
y mis talentos.

I can help someone smile just by being me
and doing things I can do.

Puedo ayudar a alguien a sonreír tan solo siendo
yo mismo y haciendo las cosas que sé hacer.

When I see a need,

Cuando veo una necesidad,

I can sometimes help right away.

a veces puedo ayudar enseguida.

At other times, I can get permission first.

Otras veces, primero pido permiso.

I can give service by myself
or with other people.

Puedo ponerme al servicio de los demás,
yo solo o con otras personas.

My little bit can be part of something bigger.

Mi granito de arena puede ser parte
de algo más grande.

I can reach out to people I know at home,
at school, and in my community.

Puedo ayudar a las personas que conozco en casa,
en la escuela y en mi comunidad.

I can even help people I've never met
who live in other parts of the world.

My kind act may help one person, or many.

Incluso puedo ayudar a personas que no
conozco que viven en otras partes del mundo.

Mis acciones pueden ayudar a una o a
muchas personas.

When I give to someone else,
I may need to give up something for myself.

Cuando le doy algo a alguien,
tal vez me quede sin eso.

I think it's worth doing when I imagine how the person might feel.

Pienso que vale la pena cuando imagino cómo se sentirá esa persona.

Giving is like a circle.

Good deeds are never wasted.

When I do a favor for someone,
that person might help
somebody else.

Dar es como un círculo.

Las buenas acciones siempre valen la pena.

Cuando le hago un favor a alguien,
esa persona puede ayudar a alguien más.

Kindness may
even come back
to me.

La amabilidad
incluso podría
llegarme a mí.

Being generous brings out the best in me.

Ser generoso saca lo mejor de mí.

And it lifts someone else up.
It helps us get along.

Y alegra a otras personas.
Nos ayuda a llevarnos bien.

When I do my part,
I can help make the world a better place.

Cuando hago mi parte, puedo ayudar
a hacer del mundo un lugar mejor.

I'm glad that I can make a difference.

Me alegra poder marcar la diferencia.

Ways to Reinforce the Ideas in *Reach Out and Give*

Reach Out and Give teaches children about being generous and giving service to others. The book introduces beginning concepts of gratitude and helpfulness and of giving time, talent, and things. Here are terms you may want to discuss:

generous: willing to share or give more than is expected

grateful: appreciative or thankful; when you are grateful, you appreciate something and are glad for it

philanthropy: giving time, talent, things, or money to help a person or group

relief: special help for people who need food, water, clothes, shelter, or other basic things

service: something helpful you do for someone else; when you give service, you do something that makes things better for one person or for many people

talents: things a person is able to do especially well

volunteer: to offer to do something helpful without being asked; to reach out to help others because you want to do so

As you read each page spread, ask children:

- What's happening in this picture?

Here are additional questions you might discuss:

Pages 1–3

- What does it mean to be grateful? What are some things you are grateful for? Who are some people you are grateful for?

- What is a way to show someone that you appreciate what the person does?

- Have you ever thanked someone who was kind to you? How did you feel when you thanked the person?

- Has someone ever thanked you for something? How did you feel when that happened?

Pages 4–11

- What does it mean to reach out to other people? *(Discuss this in the context of offering kindness or help without being asked.)* Tell about a time you reached out (or someone reached out to you). What happened?

- What does it mean to be generous? When was a time you were generous (or someone was generous to you)? What did you (the person) do? How did it feel?

- What are some other ways to be generous?

- What is special about doing something for someone without being asked?

- How does making something for someone (spending time with someone) show that you care?

- Tell about a time you or someone in your family volunteered to help with something. What would have happened if no one volunteered to help?

Pages 12–19

- What things do you share? When do you share your time?

- What do you think is one of your talents? What could you do with your talent that might help someone else?

- When are some times someone might need help in our classroom (in our home)? What can you do to help?

- Why is it important to get permission before you give something?

Pages 20–27

- What does it mean to give service?

- (point to pages 20–21) What are the people in this picture doing to give service?

- What is a service you can do with other people in our group? With people in your family?

- (point to pages 22–23) Who do you think the children are making bags for? How will people use the bags when they receive them?

- What is a way to reach out (give service, be generous) to someone you have never met?

- (point to pages 24–25) What are some times to be generous with money (to buy a present, to donate to help people in need)? How is the boy being generous? How do you think his sister will feel when she gets her gift? How will the boy feel? Why?

- What are some good things that can happen when you help someone else?

Pages 28–31

- How do you think being generous helps you get along with other people?

- What are some ways you can make a difference for somebody else?

Generosity Games

Read this book often with your child or group of children. Once children are familiar with the book, refer to it when teachable moments arise involving both positive behavior and problems related to generosity. Make it a point to notice and comment when children willingly offer help or share their time, talent, or things with those around them. In addition, use the following activities to reinforce children's understanding of why and how to reach out and be generous toward others.

"We're Grateful For" Journal

Materials: Large three-ring binder, 8½" x 11" drawing paper, three-hole-punched lined writing paper, markers, pencils, paper punch

Preparation: Punch three holes in each sheet of drawing paper. Place the drawing and writing materials in a convenient place for use on a regular basis. Label the binder "We're Grateful For. . . ."

Directions: Talk with children about what it means to be grateful, using discussion questions for pages 1–3 (see page 32). Explain that you will be keeping a *journal*—a daily record—of things everyone is grateful for. Each day, you and the children can each draw a picture or write a journal entry of something you saw, something that happened, or something you realized you are thankful for (such as colorful leaves, a ride to school, a warm sweater). Invite children to date their entries and add them to the book each day. Continue over several weeks, noticing from time to time how full the journal is growing and how much there is to be grateful for.

Words of Appreciation

Have each child in your group write his or her name on a small piece of paper. Place the names in a bag or small box. Draw a different name each day and let several children tell something they appreciate about the child whose name was drawn. Encourage children to mention kind things the person has done, an admirable character trait, or something the person is good at that helps the group. Depending on the size of your group, you may want to draw more than one name each day.

Home or small group variation: Have each person draw another family or group member's name and in turn say something appreciative about the person whose name was drawn. Use this as an ongoing activity to foster gratitude and mutual appreciation.

Extension: As a group, write and illustrate a thank-you letter to a community organization (police department, newspaper, local charity) expressing appreciation and gratitude for the giving the organization does.

Generosity Jar

On small pieces of paper write several ideas of how children might show generosity. Put the ideas in a jar or other container and draw one each day. Have a few children role play the scenario. (See samples below.) Point out that generous acts are done without thought of reward because a person chooses to help. Suggest that children do the act just discussed, or another generous act, in the next day or two (either at school or at home). Follow up each day, inviting children to share their stories of generosity and to role play and discuss new ideas to try.

Sample Scenarios:

- Ask someone to play
- Share a toy or game.
- Pick up trash.
- Help fold laundry.
- Find something nice to say.
- Make a thank-you note.
- Visit a friend and take a treat.
- Help someone with a math problem.
- Help someone pick up blocks or art supplies.

Service Cards

On 3" x 5" index cards, have or help children write a service they will do for another child or a family member. ("I'll read you a story." "I'll take out the trash." "I'll pick up the art supplies with you." "I'll help you clean your desk.") Have children draw the name of a child and do the service sometime during the week. Children can give the card to the child the day they plan to do the service, or can put it where it will be found as a surprise. Follow up with discussions of how it felt to help someone, how it felt to be helped, and why doing service for others helps people get along. If you wish, continue each week, having children offer a different service and choose the name of a different child.

Giving Tree

Materials: Bulletin board, colored construction paper, scissors, stapler

Create a Giving Tree with branches to hold many leaves. Cut out paper leaves, several for each child. Explain that the Giving Tree lets everyone notice acts of kindness and generosity. When a child sees someone do something generous, the child can write or dictate a description of the kindness on a leaf and add the leaf to the board.

Making a Difference Together

Review and discuss what it means to volunteer and give service to others. Then talk about a way that your class or family group could work together to fill a need in your school or community. Begin by identifying a group (senior citizens, soldiers, those who are homeless) or an area (a park, library, playground) in need of help or improvement. Then think together of a way to work together to make a difference. Discuss children's ideas, using questions such as: "Why is this a good project for lots of us to do together?" "Who would this help?" "How would it help?" Enlist the aid of other adults to support children in giving service.

Sample Ideas for Giving Service:

- Visit and read with children at a hospital.

- Get pledges for reading or doing math to benefit a charity.

- Collect canned goods for a food bank.

- Send a box of books or snacks to soldiers.

- Make a quilt or blanket for a hospital or shelter.

- Visit and play games with people in a senior center or nursing home.

- Collect and donate money for disaster victims.

- Collect used eyeglasses for an eye bank.

- Make hygiene kits for a shelter.

- Take part in a toy or clothing drive.

- Raise money or collect packaged food for an animal shelter.

- Plant spring bulbs at a park.

- Make posters for a recycling drive.

- Pick up litter along a public street or on a playground.

Maneras de reforzar las ideas en *Dar y ayudar*

Dar y ayudar enseña a los niños a ser generosos y ayudar a otros. El libro presenta los conceptos iniciales de gratitud y colaboración, así como el concepto de brindar a otros nuestro tiempo, nuestros talentos y nuestras cosas. Estos son algunos términos que puede comentar:

agradecido: que agradece; cuando te sientes agradecido, te alegras por algo y lo aprecias

asistencia: una ayuda especial para personas que necesitan comida, agua, ropa, refugio u otras cosas básicas

filantropía: la acción de dar tu tiempo, tus talentos, cosas o dinero a otro o a un grupo para ayudarlos

generoso: dispuesto a dar o compartir más de lo que se espera

servicio: algo útil que haces por otra persona; cuando te pones al servicio de otros, haces algo que mejora la situación de una o de muchas personas

talentos: cosas que alguien hace especialmente bien

voluntario: alguien que se ofrece a hacer algo útil sin que se lo pidan y que ayuda a otros solo porque quiere hacerlo

Al leer cada página, pregunte:

- ¿Qué está pasando en esta imagen?

Estas son algunas preguntas adicionales que puede hacer:

Páginas 1 a 3

- ¿Qué significa estar agradecido? ¿Por qué cosas te sientes agradecido? ¿Con qué personas estás agradecido?
- ¿De qué forma puedes mostrarle a alguien que aprecias lo que hace?
- ¿Alguna vez le has agradecido a alguien que fue amable contigo? ¿Cómo te sentiste cuando le agradeciste?
- ¿Alguna vez alguien te ha agradecido por algo? ¿Cómo te sentiste cuando te agradecieron?

Páginas 4 a 11

- ¿Qué significa dar una mano a otras personas? (*Coméntenlo en el contexto de ofrecer ayuda o hacer algo amable sin que nos lo pidan*). Cuenta acerca de una vez que le diste una mano a alguien (o que alguien te dio una mano a ti). ¿Qué pasó?
- ¿Qué significa ser generoso? ¿En qué momento fuiste generoso con otro (u otro fue generoso contigo)? ¿Qué hiciste (o qué hizo esa persona)? ¿Cómo te sentiste?
- ¿De qué otras maneras puedes ser generoso?

- ¿Qué tiene de especial hacer algo por alguien sin que te lo pida?

- ¿De qué forma hacer algo por alguien (o pasar tiempo con alguien) demuestra que te importa esa persona?

- Cuenta acerca de una vez en que tú o tu familia participaron como voluntarios para ayudar en algo. ¿Qué habría pasado si nadie hubiera ofrecido ayuda?

Páginas 12 a 19

- ¿Qué cosas compartes? ¿Cuándo compartes tu tiempo?

- ¿Cuál crees que es uno de tus talentos? ¿Qué podrías hacer con tu talento para ayudar a otros?

- ¿En qué momentos alguien podría necesitar ayuda en nuestro salón de clases (o en nuestro hogar)? ¿Qué puedes hacer para ayudar?

- ¿Por qué es importante pedir permiso antes de dar algo?

Páginas 20 a 27

- ¿Qué significa ponerse al servicio de otros?

- (*Señale las páginas 20 y 21*). ¿Qué están haciendo las personas en esta imagen para ponerse al servicio de otros?

- ¿Cuál es un servicio que puedes brindar junto con otras personas de nuestro grupo? ¿Y junto con los miembros de tu familia?

- (*Señale las páginas 22 y 23*). ¿Para quiénes crees que son las bolsas que están preparando los niños? ¿Cómo usarán esas bolsas quienes las reciban?

- ¿Cuál es una manera de ofrecerle ayuda (brindarle un servicio, mostrar generosidad) a alguien que no conoces?

- (*Señale las páginas 24 y 25*). ¿En qué momentos puedes ser generoso dando dinero (comprando un regalo, haciendo una donación para personas que lo necesitan)? ¿Cómo muestra generosidad el niño? ¿Cómo crees que se sentirá su hermana cuando reciba el regalo? ¿Cómo se sentirá el niño? ¿Por qué?

- ¿Qué cosas buenas pueden pasar cuando ayudas a alguien?

Páginas 28 a 31

- ¿Por qué ser generoso te ayuda a llevarte bien con los demás?

- ¿Cómo puedes marcar una diferencia en la vida de otros?

Juegos sobre la generosidad

Lea este libro con frecuencia a su hijo o a un grupo de niños. Una vez que los niños estén familiarizados con la lectura, menciónela cuando surjan tanto comportamientos positivos como problemas relacionados con la generosidad. Resalte y haga comentarios positivos cuando los niños se ofrezcan con gusto a ayudar o a compartir su tiempo, sus talentos o sus cosas con quienes los rodean. Además, use las siguientes actividades para reforzar la comprensión de los niños sobre cómo y por qué ayudar a otros y ser generosos con ellos.

Diario de agradecimiento

Materiales: Carpeta grande de tres anillos, papel de dibujo de 8½" x 11", hojas rayadas con tres perforaciones, marcadores, lápices, perforadora

Preparación: Perfore tres agujeros en cada hoja de papel de dibujo. Ubique los materiales de dibujo y de escritura en un lugar cómodo para el uso frecuente. Rotule la carpeta "Damos gracias por...".

Instrucciones: Utilice las preguntas de las páginas 1 a 3 (ver página 36) para hablar con los niños sobre qué significa ser agradecido. Explique que llevarán un diario en el que registrarán día a día las cosas por las que cada uno está agradecido. Todos los días, usted y los niños podrán hacer un dibujo o escribir una entrada en el diario sobre algo que vieron, algo que sucedió o algo que se dieron cuenta que los hace sentirse agradecidos (como las hojas coloridas de los árboles, que alguien los llevara a la escuela, un suéter abrigado). Anime a los niños a escribir la fecha de sus entradas e incluirlas en el libro todos los días. Continúe durante varias semanas y de vez en cuando mencione cuánto está creciendo el diario y cuántas cosas hay por las que sentirse agradecidos.

Palabras de aprecio

Pídale a cada niño de su grupo que escriba su propio nombre en una tira pequeña de papel. Coloque los nombres en una bolsa o en una caja pequeña. Saque un nombre diferente cada día e invite a varios niños a decir algo que aprecian de la persona cuyo nombre fue elegido. Anime a los niños a decir cosas amables que esa persona haya hecho, una característica que admiren de su personalidad o algo que esa persona sepa hacer bien y que ayude al grupo. De acuerdo con el tamaño del grupo, tal vez sea conveniente elegir más de un nombre por día.

Variación para el hogar o para grupos pequeños: Pídale a cada persona que saque el nombre de un familiar o de un miembro del grupo y diga algo que aprecia de esa persona. Utilice esta actividad de forma constante para fomentar la gratitud y el aprecio mutuo.

Ampliación: En grupo, escriban e ilustren una carta de agradecimiento para una organización de la comunidad (el departamento de policía, el periódico, una organización benéfica local) en la que expresen aprecio y agradecimiento por lo que hace esa organización.

Frasco de la generosidad

Escriba en tiras de papel varias ideas sobre cómo los niños pueden mostrar generosidad. Coloque las ideas en un frasco u otro recipiente y saque una idea cada día. Pida a algunos niños que representen la escena. (Ver ejemplos más adelante). Resalte que las acciones generosas se hacen solo para ayudar, sin pensar en la recompensa. Proponga a los niños que hagan la acción con la que trabajaron, u otro acto generoso, en los dos días siguientes (en la escuela o en casa). Haga un seguimiento todos los días: invite a los niños a compartir sus historias de generosidad y a representar y comentar nuevas ideas que puedan poner en práctica.

Ejemplos de situaciones:

- Invitar a alguien a jugar.
- Compartir un juego o un juguete.
- Levantar basura que está tirada en el piso.

- Ayudar a doblar la ropa.
- Pensar algo lindo para decir.
- Escribir una carta de agradecimiento.

- Visitar a un amigo y llevarle algo rico.
- Ayudar a alguien a resolver un problema de matemáticas.
- Ayudar a alguien a juntar bloques o materiales de arte.

Tarjetas de servicio

Los niños deberán escribir en tarjetas de 3" x 5" (de ser necesario, con su ayuda) un servicio que le brindarán a otro niño o a un familiar. ("Te leeré una historia". "Sacaré la basura". "Te ayudaré a juntar los materiales de arte". "Te ayudaré a limpiar tu escritorio"). Pida a cada niño que saque el nombre de otro y le brinde el servicio en algún momento de la semana. Los niños pueden entregarle la tarjeta a la persona el día que planean brindarle el servicio o dejarla donde la otra persona pueda encontrarla, a modo de sorpresa. Para realizar un seguimiento, pida a los niños que cuenten cómo se sintieron al ayudar a alguien, cómo se sintieron al recibir ayuda y de qué forma ponerse al servicio de otros ayuda a las personas a llevarse bien. Si así lo desea, puede continuar todas las semanas, pidiendo a los niños que saquen el nombre de otra persona y que ofrezcan un servicio distinto.

Árbol de la generosidad

Materiales: Tablero de anuncios, cartulina de colores, tijera, engrapadora

En un tablero de anuncios, cree un Árbol de la generosidad que tenga lugar para muchas hojas en cada rama. Por cada niño, corte varios papeles con forma de hoja. Explique que el árbol servirá para mostrar las acciones amables y generosas de todos. Cuando un niño vea a alguien hacer algo generoso, puede escribirlo en una hoja del árbol o dictar una descripción del acto y agregar la hoja al árbol.

Marcar la diferencia juntos

Repasen y comenten lo que significa ser voluntario y ponerse al servicio de otros. Luego, hablen sobre una manera en que su grupo o su familia podría trabajar en equipo para cubrir una necesidad de la escuela o de la comunidad. Comiencen identificando un grupo (adultos mayores, soldados, personas sin hogar) o un lugar (un parque, una biblioteca, un área de juegos) que necesite ayuda o mejoras. Luego, piensen entre todos una manera de trabajar juntos para marcar la diferencia. Comente las ideas de los niños con preguntas tales como: "¿Por qué este es un buen proyecto para que muchos de nosotros hagamos juntos?", "¿A quién ayudaría esto?" o "¿De qué forma ayudaría?". Haga una lista con las acciones que realizarían otros adultos para ayudar a los niños a brindar este servicio.

Ejemplos de servicios:

- Visitar a niños que están en el hospital y leerles libros.

- Conseguir que las personas donen su tiempo para leer o enseñar matemáticas en una organización benéfica.

- Juntar comida enlatada para un banco de alimentos.

- Enviarles una caja de libros o bocadillos a soldados.

- Hacer un edredón cosiendo distintos retazos de tela o tejer una manta para enviar a un hospital o a un refugio.

- Visitar a personas que vivan en un hogar para ancianos o en una residencia para adultos mayores y jugar juegos con ellos.

- Recolectar dinero para donarlo a las víctimas de un desastre natural.

- Recolectar gafas usadas para un banco de ojos.

- Crear kits de higiene para un refugio.

- Participar en una colecta de ropa o de juguetes.

- Juntar dinero o recolectar alimentos envasados para un refugio de animales.

- Plantar bulbos en un parque.

- Hacer carteles para una campaña de reciclaje.

- Juntar residuos en una calle pública o en un área de juegos.

Acknowledgments

I wish to thank Meredith Johnson, whose charming illustrations resonate so well with the text, and Marieka Heinlen for the exuberant design. I appreciate Judy Galbraith and the entire Free Spirit family for their dedicated support of the series. I am especially grateful to Margie Lisovskis for her diplomatic style as well as her talented editing. I also recognize Mary Jane Weiss, Ph.D., for her expertise and gift in teaching social skills. Lastly, I thank my fantastic family—David, Kara, Erika, James, Daniel, Julia, and Andrea—who are each an inspiration to me.

Agradecimientos

Quisiera agradecer a Meredith Johnson, cuyas encantadoras ilustraciones se combinan muy bien con el texto, y a Marieka Heinlen por el espléndido diseño. Agradezco a Judy Galbraith y a toda la familia de Free Spirit por el dedicado apoyo que le han brindado a la serie. Estoy especialmente agradecida con Margie Lisovskis por su estilo diplomático, así como por su talentosa revisión. También doy gracias a Mary Jane Weiss, Ph.D., por su experiencia y capacidad para enseñar habilidades sociales. Por último, agradezco a mi estupenda familia —David, Kara, Erika, James, Daniel, Julia y Andrea—, quienes son mi fuente de inspiración.

About the Author

Cheri J. Meiners, M.Ed., has her master's degree in elementary education and gifted education. The author of the award-winning Learning to Get Along® social skills series for young children and a former first-grade teacher, she has taught education classes at Utah State University and has supervised student teachers. Cheri and her husband, David, have six children and enjoy the company of their lively grandchildren.

Acerca de la autora

Cheri J. Meiners, M.Ed., tiene una maestría en Educación Primaria y Educación Dotada. Es autora de la galardonada serie sobre comportamiento social para niños *Learning to Get Along*®, fue maestra de primer grado, ha dictado clases de educación en la Universidad Estatal de Utah y ha supervisado a maestros practicantes. Cheri y su esposo, David, tienen seis hijos y disfrutan de la compañía de sus alegres nietos.